ÊTRE PÈRE, J'Y CROIS

La collection « J'y crois »
dirigée par Christophe Henning

Sur quoi fonder son existence ? Comment tenir dans une société en constante évolution ? Quelles sont les valeurs pour lesquelles s'investir vaut la peine ? Pour tracer son chemin, il faut y croire. Croire en quelqu'un, croire en un projet, croire que quelque chose est possible.
Cette conviction profonde, les auteurs de cette collection veulent la partager et peut-être la transmettre, dire comment elle les a fait agir, tenir et durer. À partir de leur propre expérience, et même s'il y a encore du chemin à parcourir, ils expliquent comment croire fait vivre.

Titre déjà paru :
Jésus, j'y crois, Michael Lonsdale

OLIVIER LE GENDRE

ÊTRE PÈRE, J'Y CROIS

Collection « J'y crois »

bayard

Du même auteur

Les masques de Dieu, Anne Sigier, 1994.
Le charpentier, Anne Sigier, 1994.
Le cri de Dieu, Anne Sigier, 1996.
Le risque de Dieu, Anne Sigier, 1997.
Je quitte les ruisseaux, je vais vers la mer, Éditions religieuses de l'Assomption, 1998.
Aux affaires de mon Père, Anne Sigier, 1999.
Lettre aux successeurs de Jean-Paul II, DDB, 2002.
Les évangiles des parents, Anne Sigier, 2004.
Confession d'un cardinal, JC Lattès, 2007.
L'espérance du cardinal, JC Lattès, 2009.
Prières glanées, Fidélité, 2011.
C'est une étrange aventure que de survivre, JC Lattès, 2013.
Textos cathos, l'Évangile au quotidien, Salvator, 2013.
Pourquoi je crois, Médiaspaul, 2014.

18, rue Barbès, 92128 Montrouge Cedex
ISBN : 978-2-227-48731-4

Pour Laura, Ombeline, Hugues,
Matthieu, Bernard.
Pour une fois, dans l'ordre inverse
de leur naissance.

« Tout le monde sait
comment on fait les bébés,
Mais personne sait
comment on fait les papas. »

Stromae, « Papaoutai »

Prose de père

Être père.

Il y a différentes manières de l'être.

Paternité biologique. Paternité d'adoption. Paternité spirituelle...

La nature de toute paternité est double : aider à grandir et faire confiance.

Aider à grandir celui qui vous est confié ou qui se confie à vous.

Faire confiance, car c'est la confiance qui fait grandir.

Être père est une tâche et, comme telle, elle est à prendre au sérieux. C'est aussi une grâce et un don : comme tels, ils se reçoivent dans le recueillement, à genoux peut-être.

Être père, j'y crois.

Et je crois avec la même intensité que toute paternité vient de Dieu.

Pourquoi cette conviction ?

Pas seulement parce que je suis chrétien, même si mon Dieu s'est en effet révélé comme père. Le Dieu des chrétiens est d'ailleurs le seul qui ait eu cette audace. Qui ait pris le risque d'être rejeté par ses enfants, sans les condamner pour autant. Dissimulant sa tristesse...

Mais je crois aussi que toute paternité vient de Dieu parce que la merveille d'être père ne peut provenir de moi-même. J'en suis bien incapable. Elle vient forcément d'ailleurs.

Pour moi, toute personne exerçant une paternité est toute proche de Dieu, sans toujours le savoir.

Je respecte trop la pudeur de mes enfants pour raconter dans ce livre des anecdotes qui les concernent. Je ne veux pas les mettre dans l'embarras. Le lecteur n'apprendra rien d'intime sur mes deux filles et mes trois fils.

Sauf cinq très courts récits. Un pour chacun.

Chacun m'a autorisé à publier celui qui le ou la concerne. Sans connaître les quatre autres qui mettent en scène leurs frères et sœurs. Ils les découvriront quand ils auront le livre imprimé entre les mains. Je gage que cela les motivera à lire la prose de leur père. À moins que, « derrière mon dos », ils ne se soient échangé des mails. Ils en sont bien capables !

C'est même une grande joie pour un père de constater que ses enfants tissent des liens entre eux sans toujours passer par lui. Cela commence comme de petites conspirations pour décider le cadeau qu'ils veulent me faire à Noël et cela continue par d'autres conversations qui leur sont plus personnelles.

Sachez que ce n'est pas facile pour une fille ou un fils de lire les livres de papa... Et quand ledit père est écrivain catho, c'est pire encore.

Le lecteur ordinaire – je veux dire le lecteur qui n'est ni ma femme ni un de mes enfants – comprendra, j'espère, que mes paroles ne relèvent pas de la théorie éthérée. Elles se sont formées à partir des expériences petit à petit accumulées et du lent décryptage de celles-ci.

Ce sont des paroles vivantes qui ont parcouru de grandes distances souterraines avant de surgir en une source.

Une source fragile mais claire.

Écrire *Être père, j'y crois* n'aurait pas été possible sans qu'avec moi il y ait une femme, mon épouse depuis bientôt trente-sept ans.

C'est d'abord la femme – l'épouse – qui « fait » le père. J'ai le bonheur de ce compagnonnage qui dure. Mais même ceux qui ne connaissent pas cette grâce ou cette chance pourront se retrouver dans ce témoignage.

Écrire *Être père, j'y crois* n'aurait pas non plus été possible sans que des enfants viennent à notre foyer. Vous l'avez compris : ce sont ces enfants qui « m'ont fait » père. Ces enfants maintenant adultes...

Un brave type

Je suis père parce que je ne porte pas l'enfant avant qu'il soit né, et parce que je m'efface jour après jour. Je commence à être père quand je sens l'enfant qui pèse dans mes bras, et parce que j'en accepte le poids.

Je suis père et je ne suis pas la personne la plus importante pour cet enfant qui naît. Je suis en retrait ; l'enfant a besoin de sa mère avant de me connaître.

J'accepte de n'être pas au centre de la photo traditionnelle prise à la maternité. Ce sont l'enfant et la maman sur lesquels est braqué l'objectif. Et c'est très bien comme ça.

De cet effacement relatif du départ

naît toute vie de père sur la terre. Car il faut décider de devenir père alors qu'être mère est naturel.

L'homme peut être géniteur sans le savoir, sans l'accepter ou le reconnaître, en le niant ou en le négligeant. La femme sait qu'elle est mère, et elle l'est donc obligatoirement.

Devenir père est une décision voulue après la naissance ; naissance qui peut se passer de moi ; la première nourriture de l'enfant vient de sa mère et elle n'a pas besoin de moi pour être donnée.

Évidemment, quand le bébé passe au biberon, je retrouve toute mon utilité.

La femme fait son enfant, et l'homme décide que le petit être qui naît de sa femme devient son enfant.

Comment le dire autrement ? Tous les hommes doivent un jour ou l'autre adopter leur enfant, et c'est le début d'une longue histoire qui ne laisse pas indemne. Présents dans l'amour au moment où la vie est lancée, nous passons au second plan, et nous le serons toujours. Nous sommes les serviteurs de la croissance de nos enfants.

On a souvent mal compris celui que les chrétiens appellent saint Joseph, qui fut sur la terre le père adoptif de Jésus. On a fait de lui le modèle de l'abnégation des pères adoptifs, sans comprendre que ce Joseph est le modèle de tous les pères, pères de sang ou pères d'adoption.

Nous en avons fait un brave type, un peu fade et humble, qui se sait sans rôle dans la maternité de sa fiancée, qui n'apparaît guère dans la vie de son fils que pour lui trouver un abri où naître, une contrée où se cacher, un travail pour subsister.

Mais de Joseph, nous ne savons rien ; il disparaît des Évangiles comme il y est entré, sans contour et sans date, sans passé et sans avenir.

Pour l'observateur superficiel, Joseph est sans réelle importance ; comme père, il ne semble guère qu'utilitaire ; comme homme, il est digne, laborieux et responsable.

Tout homme qui a vraiment adopté ses enfants – les biologiques comme ceux nés ailleurs que dans son couple – est digne, laborieux et responsable, un peu niais et gentil, simple et humble, parce qu'il a décidé que ses enfants étaient plus importants que lui-même.

À partir du moment où il devient père, il accepte, parfois sans le savoir, de ne plus être le personnage central, celui qui compte, celui qui attire les regards. Il passe au second plan.

Je revendique d'être ce genre de brave type, laborieux, et humble.

Certains pères supportent mal cette relégation, n'acceptent pas cette humilité, vont jusqu'à haïr l'enfant qui leur ravit la vedette. Ils peuvent abandonner leurs enfants à eux-mêmes pour se livrer à la course des carrières et des honneurs, à la poursuite de la reconnaissance et du confort.

D'autres s'inventent des fiertés de sang : ils veulent absolument se reconnaître dans leurs enfants : « Tu es digne de ton père ! », dit la bêtise dans ces moments-là.

D'autres encore caressent l'idée de se prolonger dans un autre qui ne connaîtrait pas les limites qu'ils ont rencontrées. Limites de dons, d'argent, de classe sociale... Ils reportent sur leur descendance les espoirs qu'ils n'ont pas pu ou su satisfaire.

Les uns comme les autres essaient d'enrayer le temps qui passe et qui ne leur confère que le second rôle.

Les premiers se veulent pour eux-mêmes, les seconds veulent des héritiers. Tous finissent par rencontrer l'irrémédiable : être père, c'est accepter de mourir un peu.

Tout père qui se fait passer après ses enfants parce qu'il croit qu'il a pour charge de les faire grandir plutôt que se glorifier adopte un jour ses enfants, et ne cesse de renouveler cette adoption.

Il n'est pas là pour l'instant biologique qui crée la vie mais pour tous ces moments répetés où il a permis que son enfant grandisse.

Le père est là pour toutes ces acceptations qui donnent à l'enfant plus d'importance qu'à lui-même.

Pour ces sourires encourageants quand la lassitude pourtant le gagne.

Pour cette confiance affichée quand la déception l'attriste.

Pour ces fronts sereins quand l'inquiétude le submerge.

Il est père parce qu'il accepte d'être en retrait, de ne pas occuper la place principale dans ses propres préoccupations.

Surtout, il lui est demandé de découvrir puis d'accepter d'être celui qu'il faut plutôt que celui qu'il voudrait être.

Il admet un jour être cette présence attentive et massive attendue alors qu'il préférerait s'isoler en lui-même. Il feint un autre jour une discrétion tout aussi déterminée alors qu'il désirerait tant à ce moment s'imposer à la vue de tous.

Le père adopte son enfant et a pour but d'en faire un être libre; il agit pour un jour ne plus être utile. Il n'aime pas pour être aimé mais pour permettre la vie et la liberté.

C'est à la fois digne, laborieux et responsable, un peu niais et gentil, fade et humble.

Mais cela remplit le cœur d'une joie profonde, parfois un peu âpre, mais à nulle autre pareille.

Quand l'homme devient père, quand il accepte le poids de son enfant, il se trouve bien près de comprendre ce qu'est son Dieu pour lui. Il s'en approche de si près que cela devrait suffire à le sauver de ses errances et de ses refus, de ses faux-semblants et des colères d'homme sans but.

Quand il découvre en lui le flot de sa tendresse. Tendresse calme ou inquiète, forte et indubitable, présence plus réelle que tout ce à quoi il a pu croire auparavant.

Quand il se découvre à l'unisson de ce qui est au fond de lui-même, dans ces moments qui ne sont qu'à lui parce qu'il parvient à être don aussi parfait que possible pour son enfant. Don du père qui s'efface et protège, don qui donne la vie à son enfant chaque fois qu'il se renouvelle, don de celui qui s'oublie pour être celui dont l'autre a besoin, mais oubli qui se transforme en plénitude de soi-même.

Quand l'homme voit battre en lui son cœur de père et qu'il découvre en lui l'amour le plus pur dont il est capable, alors l'homme est bien proche de son Dieu.

Dieu nous a créés à son image. Père pour ses enfants, il a mis au cœur des pères l'image la plus pure de ce qu'il est pour ceux qu'il a créés.

L'imperfection de notre paternité nous fait reconnaître la perfection de la paternité de Dieu.

Rencontre avec Pat

Une petite trentaine de jeunes jouaient allègrement dans la cour de cet établissement qui accueillait des enfants atteints du virus du sida.

Ils se nourrissaient bruyamment au réfectoire où adultes, soignants et malades valides se restauraient ensemble trois fois par jour.

Certains jeunes ne portaient aucune marque de la maladie, d'autres avaient les traits accusés propres à leur état. Un visage creusé dévoré par des yeux largement ouverts au-dessus de pommettes saillantes.

L'un d'eux, âgé d'une quinzaine d'années, répondant au surnom de Pat, s'était attaché à moi. Il me guettait quand je sortais le matin dans la cour ou quand j'entrais dans le réfectoire.

Il me disait quelques mots dans un anglais très approximatif que je traduis en respectant sa grammaire et son vocabulaire hésitants : « Tu dois prendre soin de moi ; tu es un *farang* anglais ? »

Le terme *farang* désigne un étranger dans plusieurs pays de l'Asie du Sud-Est. Ce mot, qui a des formes un peu différentes dans les langues de la région, désigne un « long nez », retenant pour caractéristique principale d'un Occidental la taille de son appendice nasal, bien supérieure à celle des Asiatiques.

Et je lui répondais : « Non, je suis un *farang* français. »

« Où c'est le français ? » me demandait-il alors invariablement.

« Très loin, douze heures d'avion », avais-je dû répondre une dizaine de fois, avant que la demande, inévitable, tombe : « Moi, je viens avec toi, tu es mon papa. »

J'expliquais à Pat que j'avais déjà des enfants, et pas que deux ou trois.

Il n'en avait cure, et me répondait : « Je serai un bon fils, très bon fils pour toi, tu verras. »

Pat m'emmena un jour à un bout de la cour et nous fit asseoir sur un banc, un peu à l'écart pour empêcher qu'un autre enfant ne lui ravisse son *farang*.

Il me regarda sans ciller et me demanda : « Tu ne veux pas être mon papa parce que je suis malade ? »

« Non, Pat, lui répondis-je, simplement parce que je ne vis pas ici, et qu'un papa doit vivre avec son enfant. »

Cela ne lui suffisait pas. Comment cela aurait-il pu lui suffire ?

Il voulait un papa et une maman pour remplacer ceux qui étaient morts quand il était enfant, morts du même virus qu'il portait depuis sa naissance et contre lequel il menait un combat jusqu'alors victorieux.

Un regard qui fait vivre ou qui tue

C'est devenu un grand classique que de parler de l'œdipe. Cette relation compliquée entre l'enfant et son père qui voudrait que le premier tue symboliquement ce dernier pour acquérir son autonomie.

Mes parents, qui se méfiaient comme de la peste des théories de Docteur Freud, se contentaient de nommer crise de l'adolescence cette période de la vie d'un de leurs enfants.

Ma grand-mère, pour sa part, disait plus sobrement et avec gentillesse : « Il faut bien que jeunesse se passe. »

Un livre, paru quand nous étions jeunes parents, portait ce joli titre évocateur : *Les adoléchiants*.

Bref, tout a été dit sur le sujet. C'est devenu une tarte à la crème de la littérature psy et des dîners en ville de la bourgeoisie.

L'inverse a été peu exploré : il y a des parents qui tuent symboliquement leurs enfants.

Ces regards de défiance qui tuent l'enfant consistent à toiser celui-ci avec trop de sévérité ou à laisser passer une déception trop criante, même si les parents sont en droit d'être déçus par certaines attitudes ou actions de leurs enfants.

Et l'honnêteté nous force à nous rendre compte que c'est souvent notre inquiétude, voire dans certaines occasions notre angoisse, qui produit ces regards qui tuent. Ces regards qui rabaissent, au lieu d'élever.

J'ai eu à apprendre que c'était mon regard de père qui aidait mes enfants à grandir, bien plus que toutes mes paroles. Ne parlons pas de l'exemple que je pouvais leur donner. Aucun père n'est exemplaire.

Le regard des pères aide leurs enfants à découvrir ce qu'il y a au fond d'eux, leur indique des chemins, leur répète qu'il y a plus que ce dont ils se contentent dans leurs moments de découragement.

Mes regards donnent la confiance et disent, sans qu'une seule parole ne soit prononcée : « Tu peux le faire, et même si tu échoues cette fois-ci, tu pourras réussir demain. »

J'ai appris les échanges de regard avec mes enfants. Regards de connivence et d'amusement partagé. Regards d'encouragement devant leurs hésitations.

Je crois que mes regards de père – pas tous, hélas ! – ont aidé mes enfants à grandir. Je crois que, sans ces regards, ils auraient moins grandi.

Je crois que l'enfant, quel qu'il soit, grandit sous le regard de son père.

Si tous les enfants du monde recevaient à tous les moments de leur existence ces regards de confiance inaltérable et d'encouragement sans faille, ils deviendraient les plus heureux des femmes et des hommes. Et le monde en serait transformé.

Quand nos enfants doutent, se renferment, sont malheureux, nous pouvons leur parler bien sûr, mais, souvent, nous ne pouvons que leur offrir notre silence bienveillant, notre regard de confiance, notre aptitude à déceler ce qui se passe dans leur âme et dans leur esprit.

Il y a des moments où, en effet, nous devons nous interdire de les guider trop précisément.

Nous ne devons pas envahir l'âme de nos enfants sous prétexte de leur apporter des réponses qu'ils ont à découvrir par eux-mêmes.

Bien sûr, notre attitude doit évoluer avec le temps. Dans leur jeune âge, ils ont besoin de tuteurs solides pour bien grandir. Et le père doit assumer ce rôle indispensable : soutenir la croissance droite de ses enfants. Les obliger parfois à suivre la direction verticale du tuteur. Les gronder le cas échéant. Rien de pire qu'un père flasque pour un enfant. Il tombe dans l'insécurité.

Pour autant, ce rôle du père n'est pas statique. De papa ému et grondeur, il devient petit à petit papa tout aussi ému – plus discrètement – mais moins envahissant.

Attentif certes, mais dans le sens qu'il se trouve « en attente ».

En attente, sans toujours faire le premier pas, laissant à son enfant le soin de se tester lui-même sans notre soutien. À lui de se rapprocher pour demander de l'aide, le cas échéant.

Je crois que plus nous harcelons nos enfants par un interventionnisme déplacé, moins ils nous solliciteront quand le besoin se fera sentir.

Rencontre avec un souvenir cuisant

Un de nos enfants, alors qu'il était âgé de sept ans, mentait. Non pas que son imagination lui faisait voir la réalité autrement qu'elle était, mais simplement pour ne pas être puni.

Pour obtenir ce qu'il voulait.

Par exemple, quand nous cherchions, dans un placard de la cuisine, du chocolat pour le goûter familial et découvrions que la boîte était vide, il niait que ce fût lui qui s'était servi.

Et l'on retrouvait le papier aluminium

caractéristique entre le matelas et le sommier de son lit...

J'étais exaspéré, à chaque fois exaspéré, anormalement exaspéré, comme on le constatera à la fin de ce petit récit.

À chacune de ses entorses à la vérité, je relevais le mensonge, le stigmatisais, le punissais.

Jusqu'au jour où Anne me dit : « Tu l'enfermes dans son mensonge, tu le coinces, tu le réduis à son mensonge, à sa faute ; il lui arrive de mentir, certes, mais tu vas faire de lui un menteur. »

Passablement énervé, je répliquai : « Mais il ment, c'est donc un menteur ! » Logique masculine imparable.

Mais logique pitoyable.

La logique féminine, celle d'Anne, voyait plus juste : aucun être humain ne peut être réduit à son comportement, aussi fautif soit-il. Aucun être humain ne doit être réduit à sa faute.

Personne n'a le droit de réduire un être à une situation, à un acte, aussi détestable fût-il.

Et quand il s'agit d'un enfant, pour une faute aussi vénielle, c'est un crime que de stigmatiser des errements passagers.

« Il ment, certes, mais, à force de traquer ses mensonges, tu vas en faire un menteur », me répétait ma femme.

Je finis par me calmer, et j'optai dès lors pour le silence puisque la parole et la punition n'avaient à l'évidence servi à rien.

Je n'en pensais pas moins, mais appris à me taire, percevant qu'il avait été assez dit, que la loi était connue, même si elle n'était pas respectée.

Six mois plus tard, dans une conversation plus détendue, mon fils m'interpella : « Tu sais, papa, la petite voiture qui avait été cassée. J'avais dit que ce n'était pas moi, mais, en fait, c'était moi. »

J'eus alors un éclair de génie. Rassurez-vous : je n'en ai pas souvent, et c'était vraiment un tout petit éclair.

Je lui répondis : « Je savais que c'était

toi, mais le plus important était que tu le saches, toi. Je n'ai pas réagi sur le coup parce que j'étais sûr que tu saurais te corriger de toi-même, et j'ai constaté en effet que tu es en train de quitter cette attitude qui n'était pas très bonne. »

Rapidement, mon fils cessa totalement de mentir. À moins qu'il ne fût devenu plus habile et, moi, moins perspicace...

Cette histoire m'occupa l'esprit pendant plusieurs mois, preuve que j'étais mal à l'aise. Pourquoi avais-je manifesté une telle exaspération devant les petits mensonges de mon fils ?

La réponse m'apparut petit à petit : enfant, je mentais moi-même, et plus souvent qu'à mon tour... Je ne m'aimais pas dans cette attitude de menteur, mais je ne parvenais pas à la dépasser. Pour défier un père trop strict, peut-être. Par désir d'échapper à son regard trop scrutateur ? Pour répondre à ces envies irrépressibles que n'auraient pas approuvées mes parents s'ils les avaient connues ? Un peu de tout cela, sans doute.

L'attitude de mon fils me renvoyait à celles que j'avais eues à son âge. Je me rendis compte de ma dépendance à l'égard de mon passé : je faisais payer à mon fils ce que je n'avais pas réussi à totalement nettoyer en moi.

Stabilité et ouverture

La stabilité que j'offre à mes enfants au sein de notre foyer est essentielle. Pour qu'ils découvrent leur équilibre intérieur, approchent leur mystère personnel, envisagent les chemins qu'ils voudront parcourir.

Stabilité des années d'enfance pour que l'adolescence puisse se vivre avec le moins d'angoisse possible.

Stabilité de mon humeur et de ma présence quand l'instabilité de l'adolescence semble devoir l'emporter.

Stabilité de mon affection quand le

jeune homme et la jeune fille se sont éloignés...

Tous les enfants doivent partir, et parfois les pères doivent les y aider, mais ils partiront d'autant mieux qu'ils auront bénéficié de cette stabilité que la famille a pu leur offrir de la manière la plus favorable.

Différences de tempérament, différences de choix de vie, différences de réaction, différences de rythme, de niveau scolaire, d'ambition, de générosité, de dynamisme. Les enfants d'une même famille sont différents les uns des autres par leur propre nature et parfois par choix pour se différencier, pour trouver une existence propre, pour être eux-mêmes, même si c'est par réaction au modèle de l'aîné.

Fais-je suffisamment de place à leur différence ?

Ne suis-je pas tenté de penser que ce qui a marché pour le premier doit être efficace pour les suivants ? Alors que, bien entendu, il n'en est rien. Le père est un spécialiste du sur-mesure et en aucun cas un grossiste de prêt-à-porter.

Ai-je suffisamment de recul à l'égard de celui qui est le plus conforme à mes attentes inconscientes pour que les autres, qui ne peuvent ou ne veulent entrer dans le modèle que je leur indique spontanément, sentent que leur chemin retient tout autant mon attention et rencontre dans la même mesure mon approbation ?

La prise en compte aimante de la différence qui existe entre nos enfants est souvent difficile. S'y opposent en effet deux facteurs.

D'abord un facteur pratique : une famille nombreuse laisse peu de loisirs, une fois les tâches matérielles effectuées.

Ensuite un facteur affectif : j'ai un projet plus ou moins conscient pour nos enfants. Certains d'entre eux s'y coulent naturellement, soit par facilité, soit parce que leur propre personnalité est en harmonie avec cette perspective. D'autres s'y refusent, soit par désir de s'opposer, soit parce que leur tempérament ne s'y reconnaît pas.

Face à mes enfants, je dois faire un certain deuil de ma préférence, creuser plus profondément dans mon amour de père pour apprendre à comprendre les raisons d'un autre choix, faire la différence entre ces choix (que je peux juger erronés) et mon enfant lui-même qui les porte à un moment donné.

Mon inquiétude éventuelle, qui est souvent mauvaise conseillère, ne me facilite pas les choses.

Pendant de longues années, un enfant est en quête d'approbation et de reconnaissance. Les premiers à pouvoir les lui offrir sont ses parents. Si ces signes lui manquent, son développement est contrarié et souffre d'un sentiment d'insécurité qui peut être proche de l'angoisse.

Cette quête d'approbation et de reconnaissance peut prendre des voies diverses : le regard des proches, des camarades devient plus important que celui des parents, et c'est le signe qu'une première étape de la découverte de soi a bien été effectuée.

Pour autant, cette modification de l'attente n'est pas totale. Si la demande explicite de mon approbation n'existe plus, le besoin implicite est encore présent : l'encouragement discret, une preuve d'admiration sobre, sans paraître y attacher d'importance, constituera un précieux viatique que l'enfant n'aurait pas osé réclamer.

Ma tâche de père consiste pour une bonne part à aider mes enfants à découvrir ce à quoi ils tiennent vraiment, ce qui est le cœur de leur désir profond et vrai, et non à les pousser à l'imitation des modèles ambiants : modèle d'une société, modèle d'une famille, modèle des parents, d'un frère ou d'une sœur plus âgés.

La lente découverte de ce qu'ils veulent, de ce à quoi ils tiennent, est au cœur de l'acte de croissance. Cela va au-delà de la « vocation », bien au-delà.

C'est plutôt une marche vers l'adéquation entre le monde et l'intimité de leur être profond.

Mes enfants – tous les enfants – se sont tous posé un jour ou l'autre – et à plusieurs reprises – ce genre de questions : Pour quoi suis-je fait ? Qu'est-ce qui est de nature à vraiment me satisfaire ? Dans mes envies, qu'est-ce qui vient de l'habitude, de l'influence, d'un traumatisme peut-être ? Qu'est-ce qui vient d'une connaissance approfondie de moi, de moments de légèreté qui indiquent une vérité ?

Ces questions provoquent les miennes. Qui est mon enfant ? Quelle est la part de mon désir propre sur lui ? Quelle est la part de son individualité profonde ?

Cette attention peut se manifester de plusieurs manières : l'écoute du dit et du non-dit de l'enfant, l'observation des causes de ses joies ou de ses colères. Il me faudra aussi accepter – et peut-être susciter – la confrontation à d'autres expériences que celles que je peux lui offrir pour lui donner l'occasion de plus d'ouverture, pour lui permettre d'envisager d'autres horizons...

La famille peut être un refuge, mais elle ne doit pas être une forteresse assiégée. Le monde est dangereux peut-être, mais il n'est pas que cela. Il est aussi le lieu des possibles et des merveilles.

Rencontre nocturne

Un de nos fils avait pris, à l'adolescence, une habitude assez particulière : plutôt silencieux dans le concert désaccordé et pas très ordonné des discussions familiales, il avait trouvé un moyen de se faire entendre de ses parents dans un cadre bien particulier.

Le problème pour nous – pas pour lui – était que ce cadre, toujours le même, était le pied de notre lit, de préférence à partir de 22 heures 30. Il s'asseyait le plus confortablement possible, nous regardait paisiblement, attendait que nous ayons posé le livre que nous lisions.

Tout était en place pour que l'échange commence.

Quand j'écris « échange », je surestime notre propre importance. Le rôle qui nous était implicitement dévolu était clair : il parlait et nous écoutions.

Au besoin, nous réagissions par un hochement de tête ou un « hum » à peine articulé.

Sans pitié excessive, il déroulait ses jugements sur ses frères, ses sœurs, ses camarades, ses professeurs, ses grands-parents. Ses appréciations pouvaient n'être pas très enrobées, voire assez féroces. Le problème était qu'elles étaient souvent justes. De fait, il n'avait ni la disposition ni l'envie d'enrober quoi que ce soit.

Je connais une famille qui adore refaire le monde à tout bout de champ. Notre fils, au contraire, adorait démonter les rouages du monde, en mettant en lumière ce qui n'allait pas, pourquoi cela n'allait pas et pourquoi cela ne pourrait jamais aller.

Il avait un œil infaillible. Cela ne le rendait pas forcément heureux.

C'était, à vrai dire, passionnant pour nous. Il nous apprenait à être moins naïfs que nous étions portés à l'être.

À travers son regard sans concession sur le monde, il nous renseignait sur lui-même. Il le savait parfaitement. C'était même voulu. Le message subliminal était le suivant : « Je suis comme cela, je n'y peux rien, à vous de faire avec. »

Nous faisions avec, bien sûr. Parfois un peu désarçonnés, souvent bouche bée devant tant de lucidité, un peu inquiets tout de même.

Avec, en arrière-plan, un souci plus ou moins vif qui s'exprimait en un souhait : il faudra que notre fils trouve une compagne à sa hauteur, qui ne soit pas rebutée par ce mélange de franchise et de lucidité dont il faisait preuve. On l'aura compris : notre fils était d'abord un hypersensible.

En dépit de l'intérêt de sa conversation, au bout d'un certain temps, le sommeil nous guettait et nous essayions de n'en rien montrer. En pure perte : il voyait tout.

Mais il avait besoin de ces périodes où nous étions tout à lui. Son raisonnement était simple, même s'il ne nous l'a jamais partagé : puisque les autres (ses frères et ses sœurs) prennent toute la place, je choisis où et comment je prends la mienne.

En d'autres termes : les autres sont bien rangés dans leur lit et dorment, c'est le moment idéal pour conquérir mon espace.

Nous comprenions aisément ce besoin, nous étions même heureux qu'il vienne se confier à nous. Mais le créneau horaire choisi, s'il était commode pour notre fils, l'était moins pour nous, parfois un peu harassant comme chacun peut l'imaginer.

Ces « entretiens » se déroulèrent pendant plusieurs années. Nous y prîmes goût. Ils survenaient quand notre fils le décidait. Nous en sortions toujours un peu ébahis.

Dialogue

Comme souvent, dans les dialogues avec mes enfants, le point de départ a été prosaïque : il n'y a pas eu de désir d'entamer une « conversation sérieuse », mais a surgi simplement une question ou une observation qui nous a menés ailleurs.

Tous les pères connaissent ces conversations autour de la table familiale qui commencent par une anecdote à l'école et finissent par des interrogations plus ou moins angoissées sur l'avenir, des colères contre l'injustice, des débats et des remises en cause de nos attitudes.

Je me suis toujours demandé quelle était l'attente de mes enfants quand ils me parlaient, nous questionnaient, interrogeaient leurs frères et sœurs, racontaient une anecdote.

Parfois, rien de particulier ne les motivait consciemment.

Parfois, une gêne difficile à expliquer les conduisait, une timidité leur interdisait une plus grande clarté.

Un dialogue entamé est une occasion de rebond, une porte ouverte sur autre chose. Bien souvent, ce sont dans des impromptus que les choses les plus importantes sont dites, que les découvertes sont à portée de main.

J'ai regretté plus souvent qu'à mon tour de n'être pas assez attentif, de n'avoir pas su affûter mon écoute, de ne pas avoir pratiqué la pensée latérale, celle qui consiste à saisir le ton avant le mot, le non-dit avant l'exprimé, la poésie avant la démonstration, de n'avoir pas su me concentrer sur le regard en même temps que sur l'ouïe.

Je ne suis un père « efficace » que si je m'appuie sur les besoins de mes enfants, si je les rejoins là où ils sont, dans leurs préoccupations, leurs espoirs, leurs craintes, leurs envies, leurs déceptions.

Même si ceux-ci et celles-ci ne semblent pas de prime abord très importants, très nobles, très valorisants, ils et elles sont le lieu où mes enfants habitent dans le moment présent, le seul endroit où peut avoir lieu la rencontre, le seul endroit où ils sont capables de m'entendre, de nous entendre.

L'éducation, comme toute croissance, part du petit et du bas, de la réalité de la vie. Elle ne part pas d'abord de notre idéal et de notre souhait.

Elle consiste à considérer le chemin parcouru avant de mesurer la distance encore à parcourir. L'éducation aime cette réalité de la vie pour ce qu'elle est, la respecte et fonde ses espoirs sur elle.

Si mes enfants ne sont pas capables à certains moments d'entendre ce que j'aimerais qu'ils entendent, je me dois de me concentrer sur ce qu'ils vivent à ces moments-là, et de tenter, depuis l'endroit où ils se trouvent, de leur ouvrir une porte, de leur faire monter une marche sans leur dire qu'elle n'est que la première d'une longue volée.

Il serait légitime que nos enfants trouvent un intérêt concret et immédiat dans les fruits de l'éducation que je veux leur donner.

Intérêt qui devient le garant de la solidité de leur écoute et de leur disponibilité.

Intérêt qui les conduira à prendre au sérieux ce pour quoi justement ils ont manifesté de l'intérêt.

Tout pédagogue le sait : c'est en mobilisant l'intérêt des enfants que l'on obtient d'eux le meilleur.

Notre éducation doit remplir un manque, doit répondre à une question – même non formulée –, doit découvrir la question sous-entendue de nos enfants.

Qu'est-ce qui les motive, sur quoi s'interrogent-ils, qu'est-ce qui les fait vibrer, qu'est-ce qui déclenche leur dynamisme ?

C'est là que nous les rejoindrons, que nous rencontrerons leur écoute.

L'attention et la décontraction des relations feront plus pour susciter ces moments de vérité qu'une hypothétique planification. L'éducation consiste plus à saisir des occasions qu'à bâtir des plans.

Rencontre avec mon père et avec ma mère

Deux petits récits qui mettent en scène des souvenirs de mon enfance. Nous avons tous, je crois, ce genre de souvenirs qui n'entachent pas la chaleur de l'affection. Ils montrent que l'on peut être maladroit sans le vouloir. Comme je l'ai été, assurément, avec mes propres enfants.

Premier récit.

J'avais douze ans, sans doute, ou plutôt treize.

Je me sentais probablement coupable.

De quoi ? Je n'en ai pas le souvenir.

À vrai dire, mon père était du genre assez strict, et j'avais l'impression de n'en faire jamais assez pour le contenter.

Un samedi soir, mon père me dit devant ma mère : « Il faudra que nous te parlions demain avant la messe. »

Cela ne sentait pas bon.

Je dormis mal cette nuit-là, me retournant dans mon lit, retournant de la même façon, ceci entraînant cela, mes inquiétudes. Qu'avais-je bien pu faire de spécial, de plus que d'habitude, pour mériter cette convocation solennelle ?

À l'heure dite, la vertu – ou l'obsession pathologique – de l'horaire étant bien installée dans la famille, je frappai à la porte de la chambre de mes parents. Un « Entre » sur un ton sinistre acheva de me glacer.

Mon père était assis sur la chaise de son bureau, ma mère dans un fauteuil qu'elle avait rapproché, comme pour faire front et se soutenir mutuellement.

Bigre, me dis-je, on est dans les grandes manœuvres.

Une observation rapide m'intrigua : mes parents n'avaient pas l'air spécialement en colère, plutôt terriblement embarrassés.

Mon père prit la parole, c'était toujours lui qui, dans les grandes occasions, entamait les déclarations qu'il avait, avec ma mère, soigneusement préparées : « Il faut que nous te parlions... »

J'aurais été insolent, j'aurais dit : « Faites, faites... », mais, à treize ans, dans ma famille, une telle impertinence était inenvisageable.

Je me contentai de garder un silence prudent.

Peut-être mes parents attendaient-ils une réaction de ma part ; ils semblèrent en tout cas légèrement désarçonnés.

Un court silence s'ensuivit.

Mon père, rassemblant visiblement ses forces, me dit : « Il faut que nous t'expliquions comment on fait les bébés. »

Je fus estomaqué : il s'agissait donc de cela. Voilà le sujet qu'ils avaient tant de mal à évoquer ! De mon côté, j'avais craint le pire...

Soulagé, je leur dis rapidement : « Vous savez, on nous a déjà tout raconté au collège... »

Mon soulagement n'était rien en comparaison de celui de mes parents : leur attitude se décontracta instantanément.

Ils se reprirent très vite, poussés par le sens de leur responsabilité, et mon père me demanda : « Tu es sûr que tu n'as pas besoin de plus d'informations ? »

« Certain », répondis-je.

La détente s'installa définitivement.

Je quittai leur chambre rapidement sans demander mon reste. Nous ne partîmes à la messe qu'une heure après, preuve qu'ils avaient imaginé une conversation beaucoup plus longue.

Ce souvenir me revenant au début de notre mariage, je me jurai de bannir ce que j'appelais les « quarts d'heure éducatifs », remplis de tensions et peu indiqués pour les sujets importants. Je décidai de leur préférer des échanges spontanés au fur et à mesure des besoins.

Second récit.

Nous étions en vacances durant un été dans ce qui s'appelait alors une maison familiale. Pas une maison de famille, mais une grande propriété qui accueillait des familles sans lien entre elles.

Les enfants étaient pris en charge par des monitrices et des moniteurs du matin jusqu'au soir, tandis que les mères se reposaient ou, le plus souvent, parlaient entre elles. Les pères, eux, venaient nous rejoindre pendant les week-ends.

Parmi les activités organisées, il y avait le tournoi de ping-pong qui tenait une grande place. On s'inscrivait, des tirages au sort étaient effectués pour déterminer les adversaires qui se rencontreraient au cours des tours, avant d'en arriver à la finale.

J'avais une dizaine d'années, et je ne jouais pas très bien, je dois le reconnaître. Pas beaucoup moins bien que maintenant, en tout cas.

À l'heure fixée, je me retrouvai face à mon premier adversaire. Même âge, même fébrilité, même envie d'en découdre.

Je ne me rappelle plus les rebondissements du match. Je ne sais même plus s'il y en eut. Mais je l'emportai.

J'explosais de bonheur et de fierté.

Je courus à la recherche de ma mère pour lui partager ma joie. Je la trouvai en compagnie d'une demi-douzaine de ses amies.

Les mots jaillirent d'eux-mêmes : « Maman, maman, j'ai gagné ! »

Ma mère commença à sourire, mais imprudemment, j'ajoutai : « En fait, mon adversaire n'était pas très fort. »

Le sourire de ma mère s'effaça immédiatement. Ce que je venais de déclarer dans un accès de modestie fut pris comme une expression de dédain.

Devant toutes ses amies, elle me tança : « Ne sois pas méprisant pour ton camarade ! »

Je n'osai pas protester, tentai d'expliquer ce que j'avais voulu dire. Ma timidité et le regard courroucé de ma mère me clouèrent sur place.

Au bout d'un court moment, je m'en fus, m'accrochant à ma raquette, le cœur gros, un bout de confiance envolé.

Je perdis, au tour suivant.

Vérité

Ai-je toujours eu conscience que la disponibilité dans le moment est essentielle dans mon rôle de père ?

Un effort, malgré la fatigue, m'est toujours possible même s'il est parfois difficile.

L'enfant n'a pas cette conscience : le temps de l'enfant n'est pas celui des adultes. Peu d'enfants anticipent et peu reviennent consciemment sur le passé : ils sont dans l'instant.

Je l'ai déjà écrit plus haut : une de mes tâches de père a consisté, consiste et consistera à rendre possibles des moments de vérité avec mes enfants, à les susciter, à les saisir quand leur possibilité surgit au dépourvu.

Mon enfant, au moment où la conversation prend de l'intensité, est-il disposé à cette vérité ?

Se trouve-t-il dans les conditions où quelque chose d'important va être possible ?

Mesurer cette disponibilité, cet état d'esprit, n'est pas inutile, car cela me permet de savoir si je peux, ou pas, espérer arriver au cœur de l'acte éducatif.

Tout tourne autour de ce mot : vérité.

Vérité de l'enfant que je vais retrouver là où il se trouve, quel que soit l'endroit où il se trouve, même si cet endroit n'est pas aussi avancé que je le souhaite. Même si j'étais en droit d'espérer que le chemin parcouru l'aurait fait avancer plus loin.

Vérité des parents qui ne font pas tout le chemin, qui ne forcent pas l'enfant, mais lui donnent l'occasion de bouger, de se mettre en marche.

Vérité des parents qui ne font pas les questions et les réponses, qui gardent une réserve, n'envahissent pas le territoire intérieur de l'enfant.

Vérité qui trouve son équilibre entre ce que je suis vraiment, c'est-à-dire imparfait, et ce que je dois montrer : il y a des valeurs qui transcendent les médiocrités, y compris les miennes.

Les pères ont parmi leurs tâches celle d'aider leurs enfants à découvrir leur propre vérité.

L'introspection est rare pour la plupart des enfants. Chez les adolescents, cette introspection s'installe, mais elle est baignée dans l'inquiétude, la rendant assez incertaine. Jeunes, ou plus âgés, nos enfants se connaissent en général mal eux-mêmes.

La découverte de soi est une entreprise essentielle que doit mener tout être qui grandit.

Les pères peuvent y aider de plusieurs façons. Ils peuvent corriger une vision erronée que l'enfant a de lui-même, et c'est particulièrement important quand l'enfant se dévalorise.

Ils peuvent équilibrer la vision que l'entourage – camarades, frères et sœurs – a de l'enfant et lui transmet.

Les pères peuvent montrer à l'enfant que la vérité de soi-même n'est pas une réalité stable ou définitive, mais qu'elle évolue, se modifie.

La vérité d'un être est une dynamique : c'est la première vérité à faire découvrir.

Élargir la vérité de mes enfants, en repousser les limites parfois trop proches ou bornées. Ouvrir des horizons, provoquer des dynamismes.

Leur montrer qu'ils peuvent oser, et d'abord oser être eux-mêmes...

Le père – et la mère, bien sûr – aident l'enfant à découvrir sa vérité ; ils peuvent en attendre une certaine reconnaissance ; ils peuvent même recevoir les manifestations de cette reconnaissance, mais là n'est pas l'enjeu. Là peut même être le risque.

Nous devons faire comprendre à nos enfants qu'ils ne nous doivent rien. Nous devons absolument bannir les réactions qui s'illustrent par des phrases lapidaires : « Avec tout ce que nous avons fait pour toi ! »

Nous devons faire en sorte que les liens qui les unissent à nous soient doux, que le fardeau soit léger afin qu'ils puissent s'envoler, sans qu'un joug de reconnaissance ou de culpabilité les maintienne au sol, les maintienne en notre dépendance.

Ce qui compte dans l'acte éducatif, c'est enseigner la liberté à l'enfant. Petit à petit. Pas d'un seul coup.

Les pères sont des passeurs, pas des destinations.

Mes enfants ne sont pas là pour me succéder, pour poursuivre ce que j'ai été, mais ils peuvent s'appuyer sur moi pour s'élancer vers de nouveaux horizons.

Je suis le marchepied de mes enfants, pas l'idéal qu'ils doivent atteindre.

La puissance que je représente à leurs yeux, pour les rassurer quand ils sont enfants, pour qu'elle soit mise en cause quand ils sont adolescents, est une puissance réelle mais relative.

Surtout, la puissance paternelle est intérimaire et utilitaire.

Rencontre avec Johnny

Arrivé à ce point de mes confidences, je vous dois un aveu. Je suis un fan inconditionnel de Johnny Halliday.

Bizarre pour un écrivain chrétien, pourriez-vous me dire.

Certains de mes livres ont été écrits avec, en arrière-fond, des compilations de cet artiste inoxydable.

Interprète inspiré de textes et de musiques qu'il n'écrit pas lui-même, il a reçu des plus talentueux des auteurs et des compositeurs un répertoire, exact reflet de notre époque.

Il m'est rarement arrivé de manquer

la retransmission d'un de ses concerts à la télévision.

Justement, un soir, notre dernière fille, âgée de six ans, entendit une des plus célèbres chansons de l'idole des plus tout jeunes : « Laura ».

Elle me demanda : « C'est de moi qu'il parle, le monsieur ? »

Je dus la détromper et lui expliquer que le monsieur en question avait une fille qui portait le même prénom qu'elle.

La déception se peignit sur son visage.

Surtout que certaines paroles de la chanson l'atteignaient au cœur :

« Laura, j'aurais tant à apprendre de toi...

Je n'ai jamais appris à donner tant d'amour...

Je n'avais besoin de personne et tant de place pour toi...

Petit rien du tout et tant pour moi. »

Ma Laura, pas celle de Johnny, avait besoin de déclarations d'amour, comme tout enfant avide de grandir. Elle avait cru que ce monsieur auréolé de projecteurs, entouré d'un orchestre déchaîné, acclamé par une foule fervente, s'adressait à elle en particulier.

Les enfants peinent à découvrir qu'ils ne sont pas uniques et ont souvent du mal à l'accepter. Les frères et sœurs sont des gênes, voire des rivaux.

Dans une famille nombreuse, le jeu est à la fois plus compliqué et plus simple.

Plus compliqué parce que les interactions et les occasions de friction sont plus nombreuses.

Plus simple, parce que les rivalités se déplacent et se diffusent. Ce ne sont plus des affrontements entêtés entre deux personnalités qui croient qu'il n'y a qu'une seule place et qu'elle leur revient. Il s'agit plutôt d'un jeu complexe qui, réparti sur trois, quatre ou cinq têtes, donne un peu d'air à chacun.

Dans les familles nombreuses, les enfants sont obligés de composer très tôt avec leurs frères et sœurs. Ce n'est pas plus agréable pour autant, mais c'est inévitable et ils le sentent.

Entendant Johnny chanter « Laura », ma Laura, avide d'amour exclusif, fit la découverte que, non seulement elle devait composer avec ses quatre aînés, mais qu'en plus son prénom était partagé par une autre qu'elle. Une autre qui recueillait les acclamations, et dont le prénom était repris en chœur par une foule.

La déception qui se peignit sur son visage m'atteignit. Je ne pouvais, pour la consoler, que reprendre une phrase de cette chanson : « te regarder pousser me fera grandir ».

Johnny, avant de chanter sa « Laura », a l'habitude de dire : « Je dédie cette chanson à ma fille, Laura. »

Pour ma part, je chante faux mais je peux au moins dédier ce chapitre à ma fille Laura.

Des gestes minuscules

Il y a des techniques d'éducation, et des principes, et sans doute est-il bon de connaître les grands ressorts de la psychologie de l'être humain. Mais cette connaissance n'est qu'une petite partie de mon travail de père.

Le reste est constitué de gestes minuscules, de paroles instinctives, d'un rire bref et soudain, d'un regard qui s'attarde. Et ce reste est le plus considérable, autant par son accumulation que par son importance.

Et ce reste est comme une multitude de semences jetées, très souvent sans en avoir conscience, et que le vent a apportées à l'oreille, aux yeux, au cœur de mes enfants.

Je n'ai pas la maîtrise de mon « métier » de père, même si je choisis consciemment les valeurs, les habitudes, les rythmes, les principes que je désire transmettre à mes enfants.

D'ailleurs, ce n'est pas un métier...

Je ne dis pas non plus que c'est une spécialité qui peut s'apprendre en cours du soir. Ah ! Les fameuses écoles de parents !

Ce n'est pas non plus un artisanat. La comparaison, pour tentante qu'elle soit, laisse trop entendre que le père aurait une matière à modeler.

Ces comparaisons ne sont pas adéquates parce qu'elles parlent de « faire », alors que c'est le verbe « être » qui devrait être employé.

Être père, j'y crois.

Dans cette très courte phrase, il y a tout : le verbe « être » qui désigne un état permanent. Le mot « père » qui est très simple et sans doute l'état le plus partagé depuis la nuit des temps avec le terme « mère ».

On est père à perpétuité.

Et pas seulement par des actes conscients.

Mes principes d'éducation sont une chose, et il y a des moments où je les ai exprimés sciemment, dans une responsabilité enseignante. Mais mon action d'éducateur ne se réduit pas à ces moments de conscience enseignante ; elle est beaucoup plus vaste et se déploie à travers ces moments minuscules qui constituent la vie de famille.

La croissance est une longue patience, et la patience n'est pas une qualité des pays qui ont appris à aller toujours plus vite et ont rencontré l'inquiétude au fur et à mesure qu'ils développaient leur puissance.

Les parents des pays occidentaux le savent : ils sont certainement plus inquiets à propos de leurs enfants que ne l'étaient leurs aïeuls à une époque où la famille trouvait ses équilibres de façon plus spontanée.

Ce n'est pas parce que nous aurions plus peur de notre responsabilité de parents, mais plutôt parce que notre époque a du mal à retrouver des instincts naturels qui s'imposaient auparavant d'eux-mêmes.

La famille n'était pas l'objet de discussion, elle était la réalité sociale spontanée.

Nous savons aujourd'hui, dans les pays les plus riches et dans quelques autres frappés par de trop grandes misères ou des guerres trop cruelles, que le milieu familial a perdu une bonne part de ce qui faisait sa permanence, une bonne part de son action stabilisatrice.

Avouons-le : les pères, dans leur très grande majorité, sont des pères inquiets.

Inquiets des risques que courent leurs enfants, inquiets aussi de ne pas faire ce qu'il faut pour leurs rejetons.

Inquiets parfois au point de forcer les mises en garde et les interdictions, les déclarations de principes et les protections.

Inquiets au point de transmettre involontairement cette inquiétude à leurs enfants.

Inquiets au point de substituer à la confiance instinctive dans la vie la méfiance et la peur du risque.

Pourtant, ainsi en est-il de nos enfants : nous ne pouvons pas envisager de les amener trop vite à leur état d'adulte responsable. Nous ne pouvons pas forcer leur croissance.

Laisser du temps à mes enfants. Accepter qu'ils soient un long moment dans un état d'herbe un peu folle, herbe fragile ou trop vite montée en graine qui ne laisse pas envisager le fruit qu'elle portera un jour.

Accepter que l'épi soit malingre d'abord, lui laisser le temps de se fortifier, même si ce temps est long et menace notre patience et notre confiance.

De nuit et de jour, la semence pousse,

que nous en ayons conscience ou pas, comme le révèle un Évangile.

La croissance de la graine est invisible à l'œil (quand elle pousse de nuit), seuls les stades d'identité nous sont perceptibles (quand il fait jour). Un matin, nous constatons un peu ébahis que l'herbe ne peut plus s'appeler herbe, mais se nomme clairement épi, et un autre matin que l'épi n'est plus un épi mais est devenu le blé.

Vouloir le mieux pour ses enfants est sans doute une manifestation spontanée de l'instinct paternel. Redouter que ce mieux ne survienne pas, s'inquiéter des moyens les plus propices pour le faire survenir, se mobiliser pour réunir les conditions du progrès et de la croissance semblent être des conséquences naturelles de cet instinct, les expressions actives d'une responsabilité qui se prend au sérieux.

Le problème est de déterminer quel est ce mieux que je veux pour mes enfants. Or, il n'est pas tout d'un bloc.

Si la santé, le bonheur, un minimum de prospérité apparaissent comme constitutifs de ce mieux, d'autres facteurs plus précis sont largement sujets à caution, et les exemples ne manquent pas.

Si nous considérons les études, par exemple, dois-je m'entêter à conduire mes enfants vers des professions dont on imagine qu'elles sont les plus propices à donner un métier stable et rémunérateur, alors que le goût de l'enfant ne semble pas y correspondre ?

Si nous considérons la vie spirituelle, est-il raisonnable, à partir d'un certain âge, de contraindre les enfants à suivre la famille à la messe du dimanche, ou à les forcer à participer à la prière du soir, si ces choix spirituels des parents sont le lieu de conflits avec leurs adolescents ?

Il m'est arrivé de redouter de ne pas avoir tout tenté pour œuvrer au bien de mes enfants. Du coup, j'en ai rajouté dans le discours et les mises en garde, dans les efforts de persuasion et parfois les contraintes et les obligations, au point d'envahir l'espace intérieur de mes enfants.

La responsabilité prend un tour dangereux quand celui qui l'exerce commence à croire qu'il sait forcément et toujours ce qui convient à l'enfant, et que celui-ci est incapable de discerner son chemin de croissance propre.

Mon rôle de père n'est pas une œuvre d'envahissement, mais une aide pour que l'enfant grandisse.

Rencontre avec mes contradictions

Il s'est trouvé, il y a plus de dix ans, que le mensuel français de spiritualité *Panorama* me demanda de me soumettre au jeu des questions et des réponses.

Dans cet entretien conduit assez librement, surgit un sujet particulier. Qui donna lieu à cet échange :

« Votre expérience spirituelle est-elle partageable avec d'autres ?

— Nous avons besoin de partager car nous avons besoin de nous conforter les uns les autres : n'est-ce pas un des sens de l'Église ?

— En famille également ? Peut-on un peu partager sa foi avec ses enfants ?

— Tous les parents vous diront que ce n'est pas évident ; que c'est même souvent source de souffrance. Dans ma propre famille, tous mes enfants ne se disent pas croyants avec la même conviction et ne sont pas pratiquants avec la même intensité. Il nous faut accepter cette situation, ce qui ne veut pas dire rester inerte.

— Comment faites-vous concrètement ?

— Jusqu'à un certain âge, 15 ou 16 ans, et sans état d'âme, nous avons forcé nos enfants à participer à la messe. Nous leur avons expliqué que nous sommes chrétiens, que la foi est essentielle dans notre vie et que nous n'imaginons pas les éduquer en dehors de cette foi.

— Et ensuite ?

— Nous avons choisi de les laisser libres de poursuivre ou pas. Continuer de leur forcer la main aurait été la pire des choses : un adolescent a besoin de s'opposer à ses parents pour se structurer. Évitons de faire de la foi chrétienne la pierre d'achoppement sur laquelle s'organiserait l'inévitable crise d'adolescence. »

En fait, j'avais été déstabilisé par la question et j'avais donné une réponse toute faite qui ne correspondait pas exactement à ce que je ressentais vraiment.

J'étais triste à l'idée que certains de mes enfants puissent ne pas nous rejoindre dans notre foi.

Cette tristesse n'empêchait pas que, en effet, j'avais, et j'ai encore, la certitude qu'à partir d'un certain âge nous ne pouvons pas forcer les convictions de nos enfants. Quel qu'en soit le coût...

Plusieurs années après la parution de cet entretien, nous étions en vacances dans la maison familiale en Provence. C'était un dimanche et nous nous apprêtions à partir à la messe.

Ma mère était déjà en train de monter

en voiture. À la cantonade, je dis depuis le jardin : « Venez, nous allons être en retard ! »

L'aînée de mes filles ne se manifesta pas.

Je renouvelai mon appel. Un moment se passa. Puis, ma fille finit par arriver, avec un journal à la main.

Tandis qu'elle se rapprochait, je distinguai, tout à la fois, sur son visage un léger sourire qui me parut goguenard et à sa main un exemplaire du numéro de *Panorama* dans lequel était paru l'entretien en question. Elle était allée le dégotter dans une caisse d'archives stockée dans un coin.

Elle m'agita gentiment le mensuel devant les yeux.

Elle ne prit pas la peine de dire un mot.

Nous nous comprîmes instantanément : elle avait eu seize ans six mois auparavant.

Seize ans : l'âge fatidique que j'avais imprudemment lâché comme celui à partir duquel nous avions décidé, ma femme et moi, que nous ne pouvions plus contraindre nos enfants à nous accompagner à la messe.

Bien entendu, je n'insistai pas.

Je montai en voiture avec deux pensées en tête.

La première : elle grandit et nous le fait savoir sans agressivité et avec humour.

La seconde : un père parle trop, surtout s'il veut faire le malin. Cela lui retombe sur le nez un jour ou l'autre.

Influences extérieures bienvenues

À partir du moment où un enfant arrive à un certain âge, je ne peux ni ne dois me substituer à sa force de croissance interne.

L'inquiétude de certains pères est paradoxale : ils craignent un jour que leurs enfants ne progressent pas assez vite mais, quand cette progression est éclatante, ils redoutent que leurs enfants leur échappent et deviennent « quelque chose » qu'ils n'avaient pas imaginé.

Cette double inquiétude, si elle surgit

en moi et quand elle surgit, m'avertit que je suis dans un moment intérieur qui manque d'équilibre, car elle est le signe d'un phénomène peut-être pernicieux : je m'identifiais trop au destin de mes enfants.

Cette identification est elle aussi paradoxale, car elle est néfaste, alors qu'elle provient d'un sentiment louable de responsabilité.

Il peut y avoir des éducations totalitaires qui s'ignorent et s'exercent au nom du plus grand idéal : faire survenir le mieux pour ses enfants, un mieux que les parents ont décidé comme étant le seul possible pour leur progéniture.

Cette dérive est rarement le fruit de l'analyse objective d'une situation, et le plus souvent la marque d'une faiblesse intérieure des parents. Faiblesse qui possède au moins trois origines.

Une trop grande inquiétude face au monde où nous vivons : ce monde est mauvais, a perdu toute valeur, menace l'intégrité morale de nos enfants. Du coup, je les protège de manière excessive, érige la méfiance en réflexe, et je risque de couper mes enfants des influences extérieures.

Une trop grande impatience : je pense que mes enfants ne progressent pas assez vite. Et je me pose une question trop angoissée : progresseront-ils un jour comme je le souhaite ? Du coup, mon impatience force leur croissance.

Enfin, troisième source possible de cette dérive parentale : un manque de confiance en eux qui me paraissent si fragiles, ma crainte qu'ils ne sachent pas grandir. Du coup, devant cet enfant qui paraît si vulnérable, si loin des dures réalités de l'existence, si peu attentif, si influençable, je risque de substituer ma volonté à la sienne.

C'est ma vie intérieure de père qui, dans ces situations, est en cause : un déséquilibre qu'il me faut cerner pour le corriger.

Le manque de confiance instinctive est une faiblesse psychique qui cherchera toujours des causes objectives pour se justifier, et qui trouvera ces causes sans mal puisqu'en effet le monde les fournit, et parfois en abondance.

Mais ces causes, pour réelles qu'elles puissent être, ne sont pas l'origine de ce déséquilibre de ma vie intérieure de père. C'est mon regard qui est entaché, un peu comme le regard qui, devant une bouteille à moitié emplie, préfère la voir à moitié vide.

C'est le manque de confiance, inscrit en moi, qui m'a conduit parfois à développer une éducation trop envahissante, trop brutale, ne laissant pas assez d'espace de liberté à la réflexion personnelle et à la découverte progressive qui sont des droits inaliénables des enfants.

Cette éducation trop envahissante se reconnaît aussi à une attitude qui consiste à craindre toute influence extérieure pour ses enfants. On aura peur qu'ils partent en colonie de vacances parce que l'on craindra un accident de car, une mauvaise rencontre, une trop grande fatigue...

On ne voudra pas que l'enfant aille dormir chez un camarade parce que l'on se demandera quel film il risque de regarder le soir à la télévision.

Certes, ces risques et ces dangers existent, et il faut tenter de les réduire, mais, là encore, la peur d'une autre influence est caractéristique d'un déséquilibre dans l'éducation.

Je crois fermement que la rencontre avec d'autres milieux, la découverte d'autres situations, la confrontation à d'autres modèles éducatifs sont des expériences qui, à partir d'un certain âge, enrichissent l'éducation que j'essaie de prodiguer.

Pourquoi aurais-je peur que ces influences détruisent mes propres efforts ? Elles sont au contraire l'occasion d'échanges fructueux, de comparaisons qui solidifient les choix.

L'éducation de mes enfants ne peut pas se réduire à ma seule action. Celle-ci a besoin de s'enrichir d'autres influences, d'autres expériences, d'autres rencontres.

C'est la seule façon d'aider mes enfants à devenir adultes.

Rencontre avec le dernier mot

J'ai – nous avons – un fils qui a parlé très tôt.

Et il n'a cessé, depuis ses premières phrases construites, de parler, de parler, de parler...

Cela provoquait notre admiration puis, au bout d'un certain temps, notre fatigue. Chez ses frères et sœurs, cela ne provoquait aucune admiration mais tout de suite de la fatigue.

Il était redoutable. Devenu adulte, il l'est toujours : avoir le dernier mot est encore un de ses jeux préférés.

Comme nous évoquions ce traversqualité avec sa femme lors d'un goûter familial, elle manifesta son étonnement. Elle nous dit avec un sourire : « Avec moi, il n'est pas comme ça. »

Ses frères et sœurs en restèrent bouche bée.

L'un d'eux eut beau lui raconter les longs voyages en voiture où leur frère ne s'endormait qu'à un quart d'heure de notre destination après neuf longues heures de route durant lesquelles il n'arrêtait pas de jacasser, il faisait l'innocent, prétendant que ce n'était pas lui dont on parlait.

Un autre souvenir me revient en mémoire. Comme cela nous arrivait de temps en temps, nous étions en week-end à la campagne chez mes beaux-parents. Le curé de la paroisse étant souffrant, ce fut l'évêque de Chartres qui vint célébrer la messe dominicale. La semaine précédente, il avait été demandé si des paroissiens pourraient accueillir ledit évêque pour le déjeuner d'après la messe. Mes beaux-parents s'étaient proposés.

Comme je connaissais un peu Jacques Perrier, à l'époque évêque de Chartres, ensuite évêque de Lourdes, j'augurais un repas divertissant.

Pourquoi ?

Pour répondre simplement : Jacques Perrier ressemblait à mon fils avec cinquante ans de plus, à moins que ce ne fût mon fils qui ressemblât à Jacques Perrier avec cinquante ans de moins : tout le temps en mouvement, avec un respect modéré des limitations de vitesse, un débit de parole largement au-dessus de la moyenne.

Bref, deux champions dans deux catégories : l'un senior (l'évêque), l'autre benjamin (mon fils).

Le repas fut épique. Toute la tablée était réduite à l'état de figurants, avec deux vedettes : l'évêque et le garçonnet.

L'évêque parlait, le garçonnet lui répondait, à moins que ce ne fût l'inverse.

Quand nous jugions que notre fils

allait trop loin, nous lui adressions un signe discret. Il obtempérait... pour cinq minutes. Trompant notre vigilance, il se réintroduisait dans la conversation.

Ses frères et sœurs, en vieux habitués de la chose, se désintéressaient de ce qui se passait et parlaient entre eux.

À un moment, l'évêque sembla perdre son calme et, courroucé, demanda à mon fils : « Tu pourrais me laisser parler ? »

Mon fils y consentit... pour un moment.

Le déjeuner terminé et le café avalé, l'évêque se mit au volant de sa 205 (à moins que ce ne fût une R5, mon souvenir n'est pas très précis à ce propos). Il fit une manœuvre osée dans la cour de la maison de mes beaux-parents qui se traduisit en un jaillissement de gravillons qui nous atteignirent aux chevilles, passa en trombe le portail.

Était-ce sa manière habituelle de conduire ? Ou était-il particulièrement énervé qu'un petit bonhomme lui ait résisté et ait voulu avoir le dernier mot ?

Je ne sais pas.

Toujours est-il que l'équilibre est difficile pour un père entre le souci que ses enfants puissent s'exprimer selon leur tempérament, et le désir de leur inculquer un minimum de convenances, de ménager de la place à chacun...

Certes, cet équilibre, lorsque l'on a cinq enfants, est délicat. À ma très courte honte, j'avoue avoir fait passer, dans cet épisode, le respect des convenances en dernière position de mes préoccupations.

Cerise sur le gâteau : je m'étais bien amusé.

Émotion

Je me rappelle un ami qui avait « cédé à l'émotion » devant ses enfants, en pleurant à l'enterrement de son père. Un proche lui avait fait des remontrances, lui disant qu'un père ne devait pas manifester ce genre de faiblesse devant ses enfants.

C'est tout le problème de l'émotion que « l'on a le droit » de montrer ou non quand on est un homme, et encore plus un père.

La conception qu'on avait de ce « droit » dans la plupart des milieux et des époques a fait des ravages à la nôtre. En gros, les petites filles et les femmes avaient le droit de manifester leurs émotions en pleurant. Ce qui leur conférait même un certain charme.

Tandis que les hommes devaient démontrer leur solidité dès leur âge enfantin en s'interdisant (en se pliant à l'interdit) de laisser couler une larme.

« Tu seras un homme, mon fils », pour citer Kipling.

« Comporte-toi comme un homme », disait-on dans ma famille.

Chacun réagit à ses émotions selon ce qu'il a vu ou entendu dans son plus jeune âge. Ou, au contraire, en réaction contre ce qu'on lui a enseigné.

Bloquer ses émotions, au nom d'un « modèle », est une perte d'énergie et une habitude qui peuvent devenir dévastatrices.

Le reproche adressé à mon ami était de s'être « laissé aller » devant ses enfants. La mère d'accord : elle a le droit de pleurer à des obsèques. Le père, pas question : cela inquiéterait trop ses enfants. Bêtise !

Le vrai problème, à mon avis, n'est pas là. Il est dans ce que l'on fait de ses émotions.

Un père, à l'égal d'une mère, peut les manifester, les partager, s'il montre à ses enfants que ces émotions ne le terrassent pas, qu'elles font partie de sa vie, comme celles de ses enfants, mais qu'elles ne l'empêchent pas de rebondir, d'entreprendre, de vivre tout simplement...

Bref, une émotion manifestée, si on la considère – à tort d'ailleurs – comme une chute de cheval, n'empêche pas de remonter en selle.

Un père rend même un grand service à ses enfants en leur laissant voir ses émotions – même dans les larmes – et en manifestant tout autant qu'elles ne l'empêchent pas de vivre dans l'avenir. Ainsi leur permet-il d'exprimer eux-mêmes ce qu'ils ressentent sans culpabilité, sans blocage émotionnel.

Ce qui leur donnera la possibilité d'être eux-mêmes.

Rencontre avec la nuit

Je voudrais parler des nuits des hommes qui attendent pendant des années – et les années d'attente se comptent en nuits bien plus qu'en jours – un enfant pas encore mis au monde, ou qui espèrent le retour d'un enfant perdu dans le monde, ou qui s'interrogent sur ce qu'ils devraient faire, sur ce qu'ils n'ont pas fait, sur ce qu'ils ont manqué, la parole qu'ils n'ont pas su dire, le sourire qu'ils n'ont pas donné, l'irritation qu'ils n'ont pas su masquer, l'occasion perdue tout simplement, ou le regard de leur enfant qui s'est détourné.

Les pères qui ne dorment pas, qui aiment tant et ont peur de ne pas aimer assez.

Les pères malheureux vivent la nuit, et leur nuit est immobile, et cette immobilité les rend malheureux.

Leurs nuits peuplées de leurs craintes et de leurs regrets, leurs nuits où ils sont seuls, qui sont des nuits inutiles, des nuits envahies par eux seuls, sans l'idée d'un recours, d'une visite, d'un appel.

Des nuits de tempête et parfois de dégoût, des nuits centrées sur leurs tempêtes et sur leurs dégoûts, des nuits qui ne servent à rien, des nuits où les pères se font mal. Les pères qui travaillent le jour ou s'épuisent à n'avoir pas de travail, et s'éreintent la nuit dans le sentiment ne pas assez donner, de ne pas se sentir à la hauteur.

Tous les pères sont inquiets et familiers de la nuit.

Accueillir

« Qui est le plus grand ? » se demandent souvent les hommes d'aujourd'hui qui n'aiment rien tant que de s'intéresser aux gens importants, ceux dont on parle, ceux que l'on montre ou qui se montrent.

Ceux qui vendent plus de disques que les autres ou qui sont mieux payés pour leurs films. Ceux qui sont en tête des sondages politiques, ceux qui ont réussi.

Dans l'ordre de préséance établi par la logique du monde, il n'est pas sûr que les pères soient placés bien haut.

Le reconnaître n'est pas faire preuve d'amertume, mais de lucidité : être père n'est pas une position enviée ; elle pourrait même être moquée tant elle ne semble pas mériter d'être beaucoup aidée.

Les pères sont des humbles qui savent la distance entre ce qu'ils souhaiteraient être et ce qu'ils sont.

Ce sont des humbles qui connaissent le dur labeur continu qu'est l'éducation.

Ce sont des concrets qui ne se paient pas de mots, attentifs à ce que la maison soit heureuse, l'assiette remplie, le sourire au rendez-vous.

Ce sont ceux qui se lèvent la nuit – heureusement, les mères partagent ce privilège douteux – quand la toux de l'enfant devient trop forte ou quand les pleurs surgissent du cauchemar.

Ce sont des oreilles disponibles quand l'adolescent consent enfin à se confier.

Ce sont des discrets sur leurs inquiétudes et leurs tristesses.

Les pères, quand ils se rencontrent, ne se demandent pas qui est le meilleur père, ils voudraient seulement savoir qu'ils n'en sont pas de trop mauvais.

Ils ne cherchent pas à se mettre en avant, ils n'en ont pas le temps.

Ils aimeraient être rassurés, entendus, compris.

Les pères sont des pauvres de cœur, car ils ont beaucoup donné.

Des pauvres en esprit, car ils sont habités par l'incertitude.

Des pauvres de corps bien souvent, car ils connaissent la fatigue des jours où il faut concilier le travail, les soins aux enfants, l'attention portée à chacun.

Les pères parcourent un chemin sans éclat, avec bien peu de temps libre, bien peu de loisirs pour se poser ces questions de nantis qui voudraient être les plus reconnus, les plus grands.

Leurs aventures empruntent des chemins plus discrets qui ne feront guère l'objet de reportages, même s'ils reçoivent de temps en temps un hommage, tel Péguy qui faisait des « pères de famille les grands aventuriers du monde moderne ».

« Si quelqu'un veut être le premier, il devra être le dernier de tous et le serviteur de tous », nous dévoila Jésus. Il ne vient pas souvent à l'esprit des pères qu'ils répondent jour après jour à cette indication divine.

Non pas qu'ils aient entretenu l'idée de vouloir être les premiers, mais parce que, de fait, ils sont les serviteurs de leurs enfants. Non pas qu'ils en soient les domestiques, mais parce qu'ils se sentent instinctivement d'abord au service de la survie du nourrisson, ensuite au service du développement de sa personnalité, enfin au service de son entrée dans la vie adulte.

Les conjoints, premiers lors de leur mariage, deviennent seconds dès qu'un enfant naît, dès qu'ils deviennent parents.

Seconds dans leurs préoccupations, seconds dans le temps qu'ils se consacrent l'un à l'autre, seconds dans ce temps qui passe et les relègue progressivement vers le fond de la scène.

Les pères entrent dans une spiritualité de l'effacement. Ils sont les précurseurs de leurs enfants sur le chemin de la vie.

C'est parce que nous sommes avant eux dans le temps, les premiers dans notre histoire commune, que leur croissance se fera en même temps que notre effacement.

Être père, c'est diminuer un peu au fur et à mesure que la croissance de nos enfants s'affirme. C'est leur ouvrir la route en tentant de leur donner des repères pour s'y diriger, des forces pour s'y engager, notre affection pour les soutenir.

Arrive le moment où ils nous dépassent, et marchent en tête. Notre vie, certes, ne s'arrête pas là, mais notre vie de père prend un autre tour : nous avons beaucoup donné, parfois souffert, nous avons été aux commandes, il nous reste à apprendre à nous retirer sur la pointe des pieds, même si nous devons nous rendre disponibles aux appels.

Rencontre avec la gothique

Nous étions, Anne et moi, dans le train qui nous emmenait d'Assise à Rome. Nous avions pris des places en première classe.

Choix qui se révéla stupide puisque ce wagon tomba en panne d'air conditionné. Il faisait chaud, très chaud.

Était-ce à l'arrêt de Foligno ou plus proche de Rome ? Je ne saurais le dire. Toujours est-il que monta dans notre wagon et s'assit sur la banquette de l'autre côté de l'allée, un rang derrière nous, une jeune fille au look assez typé.

Habillée de noir des pieds à la tête,

des bottes basses genre Doc Martens. Un blouson clouté. La chevelure en crête, des piercings que je renonçai à compter tant ils étaient nombreux.

Bref, pas vraiment ma tasse de thé que cet uniforme gothique. Aucune de mes propres filles n'avait été jusque-là en matière de provocation vestimentaire.

Nous devisions calmement avec Anne quand le contrôleur remonta le wagon pour vérifier les billets. Notre voisine présenta le sien.

Le contrôleur lui fit remarquer que son billet était au tarif seconde classe alors qu'elle était installée en première.

Ronchonnant légèrement, elle se dirigea vers le wagon mitoyen. L'employé des trains ne l'entendit pas ainsi, la retint et commença à lui dresser un procès-verbal en lui demandant sa carte d'identité.

L'amende, environ vingt euros, était exigible sur place. La jeune fille n'avait pas d'argent sur elle. Le contrôleur l'avertit qu'il gardait sa pièce d'identité tant qu'elle n'aurait pas payé cette amende, et s'en alla rejoindre des collègues qui voyageaient dans ce même wagon, sans billet à mon avis...

La jeune fille se saisit de son portable, noir aussi, et appela sa mère pour que celle-ci vienne la chercher avec la somme de son amende à une gare de la banlieue de Rome afin de récupérer sa carte d'identité.

Nous roulions assez vite, les sautes de réseau étaient fréquentes, le dialogue entre la fille et la mère s'envenima. Cette dernière finit par signifier à sa fille qu'elle n'avait qu'à se débrouiller.

La jeune fille avait les larmes aux yeux, enfant vulnérable sous son apparence provocatrice. Nous approchions de la banlieue de Rome.

Je fis alors ce que j'aurais dû faire depuis longtemps. Je proposai à la jeune fille de lui donner le montant de son amende. Elle refusa.

Mais le temps pressait : nous n'étions plus très loin de sa destination.

Je fis signe au contrôleur, lui tendis un billet de vingt euros. Il rendit sa carte d'identité à la jeune fille. Celle-ci nous remercia tout en se saisissant de ses bagages.

Le train arrivait en gare. La jeune fille se précipitait vers la porte du wagon quand elle se ravisa, et vint nous embrasser Anne et moi sur les deux joues.

Expérience fugitive qui conforta ma conviction : quand la situation le demande, nous pouvons tous mettre un peu de paternité dans nos rencontres.

Confiance

Qu'avons-nous nous-mêmes à apprendre des enfants en général et de nos enfants en particulier ? Sans doute pas une qualité individuelle, car un enfant peut être malingre ou vigoureux, rapide ou lent, attentif ou rêveur, tout comme un adulte se différencie d'un autre adulte par ses traits de caractère.

Où est donc cette différence entre les enfants et les adultes ?

À moins de traumatismes précoces, la caractéristique fondamentale d'un enfant est sa confiance dans la voix, dans le geste, dans le regard de ses parents. Un enfant ne peut vivre et se développer que s'il a confiance. En totale dépendance pour sa survie pendant longtemps, il est obligé de recevoir et ne peut rien obtenir de ses seules forces.

Sans confiance, un enfant meurt.

Au fur et à mesure qu'il va prendre des années, il va se rendre compte que le monde ne fonctionne pas tout le temps selon le modèle de confiance qui lui a permis de grandir : nous avons tous en mémoire le regard étonné d'un de nos enfants quand il découvre qu'il peut être la cible d'une méchanceté.

À sa naissance et durant ses premières années, notre enfant peut nous aider à retrouver les vertus de la confiance qui nous a peut-être quittés au fur et à mesure que nous devenions adultes.

Dire que cette confiance de l'enfant est fondée sur l'ignorance est sans doute juste, mais ne rend pas compte d'une réalité : c'est l'enfant qui a raison quand il compte sur la confiance, raison dans le sens que c'est cette relation qui est fructueuse, même si elle n'est pas toujours possible.

L'enfant est un maître dans le domaine de la confiance : nous pouvons être à l'écoute de l'enseignement qu'il nous livre sans le savoir. Car nous avons à redécouvrir cette confiance.

Nous avons quelque chose à changer dans notre regard et notre façon d'être et d'agir. Et ce quelque chose est la confiance à l'égard d'une autre façon d'être, d'une autre manière d'envisager le monde.

Comment pourrions-nous être heureux d'avoir une âme de pauvres, si nous n'avons pas confiance que le bonheur répond à d'autres règles que celles des puissants et de ceux qui veulent être les premiers ?

Il n'y a pas de bonheur sans confiance, il n'y a pas de vie pleine et fructueuse sans confiance. La dépendance de nos jeunes enfants à notre égard nous manifeste que la confiance est la source même de la vie.

Le monde, comme nous-mêmes, a besoin de changer et de devenir comme ces petits enfants qui jouent leur existence sur la confiance.

Mais plus près de nous, ce sont nos familles qui ne pourront vivre que si elles se fondent sur la confiance.

Confiance spontanée et émerveillée des débuts de la rencontre, confiance à l'épreuve parfois, confiance détruite peut-être, confiance à entretenir ou à reconstruire.

La confiance ne nous est pas obligatoirement naturelle.

Elle possède un rapport très étroit avec l'humilité. Le petit enfant doit faire confiance puisqu'il est impuissant par lui-même.

Au fur et à mesure que nous découvrons la puissance, nous ressentons aussi le plaisir d'en jouer, de la ressentir en nous, de la démontrer aux autres.

Ce jeu est inhérent à l'humanité, et c'est bien pour cela que c'est un changement de mentalité qui peut seul nous faire redécouvrir cette humilité, cet abaissement, qui consiste à ne plus vouloir être les premiers.

La tâche semble rude qui consiste à se convertir intérieurement pour ne plus désirer la première place, pour ne plus chercher comment être le plus grand, pour oser la confiance, fonder son existence sur elle, la reconstruire quand elle a été atteinte, l'entretenir quand elle s'use par la force de l'habitude.

La tâche est rude pour les pères d'avoir confiance dans leurs enfants quand ceux-ci prennent des chemins de traverse, les interpellent, les agressent en semblant les nier, les rejettent pour un temps plus ou moins long.

Rencontre avec Nook

Quand j'ai rencontré Nook la première fois, il devait avoir dix ans et demi au plus et en paraissait huit à peine : les Thaïs font et feront toute leur vie plus jeunes que les Européens du même âge.

Vêtu d'un polo propre, style Lacoste, il faisait très enfant sage. Il me raconta son histoire, une histoire déjà longue.

Ses parents avaient vendu de la drogue et avaient été mis en prison pour un temps et sa grand-mère était morte. Livré à lui-même, il avait vécu près de deux ans sous un pont d'autoroute à Bangkok. Sa mère était venue le rechercher, mais le nouveau mari s'était mis à le battre. Il s'était enfui...

Nook parlait d'une voix étonnamment grave, le regard tour à tour fixe et fuyant, avec un ton qui ne laissait transparaître aucune émotion :

« Mon beau-père avait recommencé à me torturer, alors je suis parti pour retrouver mes amis de la gare de Bangkok. Nous avons partagé de la colle, je suis allé avec des riches étrangers, ils m'ont donné de l'argent. Avec mes amis, nous dormions dans des wagons abandonnés. »

L'histoire de Nook a donné lieu à un court film.

On le voit dans les alentours de la gare de Bangkok. Il n'a plus son polo vert d'enfant soigné, mais, comme la plupart de ses camarades, a revêtu un tee-shirt blanc trop grand pour lui.

Cet uniforme étrange a une utilité bien précise : le vaste tee-shirt cache une poche de colle, cette colle qu'utilisent les cordonniers pour les semelles.

Régulièrement, le jeune passe le nez dans l'encolure trop large pour aspirer les effluves de la colle, pour « sniffer ».

Certains des enfants et des jeunes hommes qui vivent là en bande ont déjà le visage vieilli.

Nook s'était enfui de la Maison des enfants des rues une première fois. Les assistants sociaux étaient partis à sa recherche et l'avaient trouvé à la gare. Il avait fallu négocier pour qu'il revienne. Il n'acceptait de repartir à la Maison des enfants des rues que si les assistants sociaux emmenaient aussi les autres jeunes, mais il n'y avait pas de place pour tout le monde dans la voiture.

Les assistants avaient promis de revenir le lendemain chercher ceux qu'ils ne pouvaient emmener le jour même et leur avaient donné un peu d'argent.

Les jeunes avaient eu du mal à les croire mais Nook s'était porté garant que la promesse serait tenue en déclarant : « Papa ne ment jamais. »

Papa, terme que les Thaïs emploient souvent pour désigner un adulte qui dirige, et dont Nook se servait pour nommer le responsable de l'équipe partie à sa recherche.

Pour Nook, la caractéristique de Papa est qu'il ne ment jamais.

À nouveau, Nook a passé quelque temps à la Maison des enfants des rues.

Quand je suis revenu six mois après, j'ai voulu le revoir. La sœur qui dirige le centre m'a dit qu'il s'était enfui à nouveau et qu'il se trouvait à la gare de Bangkok, mais qu'il était trop tôt pour aller le rechercher, qu'il fallait attendre qu'il se sente prêt à revenir.

La Maison des enfants des rues a un principe de fonctionnement : les enfants sont libres de repartir, on ne peut les contraindre à rester car chacun sait qu'il est impossible de faire le bien de qui que ce soit, à partir d'un certain âge, contre son désir.

Nook a choisi de repartir : l'appel de la colle peut-être, une attirance pour cette vie sauvage, l'argent qui vient récompenser la demi-heure passée avec le pédophile de passage.

Nook avait douze ans. Il y a beaucoup de Nook là-bas et ailleurs.

Je suis revenu de Thaïlande un jeudi matin. Le soir même, j'accueillais, à la maison mère des Religieuses de l'Assomption, Simone Pacot.

Elle avait accepté de participer à notre série de soirées intitulée « L'Évangile et le métier de parents », et avait choisi de méditer la parabole de l'enfant prodigue.

Simone Pacot est connue pour ses livres, notamment *L'évangélisation des profondeurs*[1]. Elle anime des sessions de guérison spirituelle au sein de son association Bethasda.

Ce soir-là, elle parla de l'enfant prodigue, le cadet, et de son père. De l'aîné aussi.

---

1. Éditions du Cerf, 1997.

Quelques phrases empreintes de gravité au cours de la soirée : l'enfant est parti, ne voulant plus dépendre de celui qui lui avait donné la vie. Son père n'est pas allé le chercher, mais a espéré son retour chaque soir.

Il a longtemps attendu et longtemps guetté, à s'en fatiguer les yeux.

Un jour, l'enfant a été prêt, prêt à revenir à la vie. Il s'est mis en marche. Lui seul pouvait le décider et l'accomplir.

Dans la parabole, l'enfant fuit son père. À Bangkok, Nook a été rejeté. Il emploie maintenant le terme de « Papa » pour désigner le responsable de la Maison des enfants des rues à qui il sait pouvoir faire confiance car « il ne ment jamais ».

Dans la parabole, l'enfant se contenterait de manger les caroubes. À Bangkok, Nook sniffe de la colle.

Dans la parabole, le cadet garde les cochons, suprême impureté pour un juif. À Bangkok, Nook, dès huit ans, a connu la prostitution.

Un jour, l'enfant prodigue a trouvé en lui la force du retournement. Un jour, peut-être, Nook...

Les chrétiens parlent de l'évangile de la Samaritaine, de l'évangile de la multiplication des pains, de celui de l'enfant prodigue.

Ai-je le droit de parler de l'évangile de Nook ?

L'enfant prodigue est une parabole lumineuse.

L'histoire de Nook est encore dans l'ombre, dans l'obscurité de l'échec.

Ceux qui connaissent ce garçon guettent son retour, le moment où il acceptera de troquer le tee-shirt sale sentant la colle pour le polo de l'enfant qu'il pourrait redevenir, un peu comme le père ordonna que l'on revête son fils de la plus belle robe.

Pourra-t-on dire bientôt, à l'instar du père de l'enfant prodigue : « Nook était perdu et il est retrouvé » ?

Père-sacrement

Ce dernier chapitre est paru dans mon livre *Les évangiles des parents*[1]. Dix ans après, je suis incapable de confier dans des termes plus appropriés ce que je crois. Ce qui m'habite quand, père moi-même, j'essaie de sonder le cœur de Dieu.

La tâche des pères est rude et sombre parfois. Et pourtant, à un moment, une lumière traverse cette obscurité dans laquelle nous nous débattons.

Jésus nous dit : « Quiconque accueille en mon nom un de ces enfants, c'est moi

1. Éditions Anne Sigier, 2004.

qu'il accueille, et quiconque m'accueille, ce n'est pas moi qu'il accueille, mais celui qui m'a envoyé[1]. »

Accueillir un enfant, c'est accueillir Jésus lui-même, et Dieu en personne.

L'accueillir à sa naissance comme parents qui l'ont voulu ou comme parents involontaires, comme parents naturels ou comme parents adoptifs.

L'accueillir comme il est, pour ce qu'il est.

L'accueillir au premier jour, et renouveler cet accueil jour après jour.

L'accueillir dans le bonheur mais parfois dans l'incertitude.

L'accueillir dans un mouvement spontané de l'âme comme d'un cœur que semble avoir déserté la joie.

L'accueillir au moment où l'on se sent prêt, comme l'accueillir au moment où l'on s'était fixé d'autres projets.

L'accueillir rayonnant de santé comme

1. Mc 9,37.

l'accueillir déjà souffrant, durement handicapé.

L'accueillir pour le pur bonheur de mettre au monde un enfant, comme pour le pur mystère de savoir que nous accueillons, par lui, le Christ lui-même.

Notre paternité nous dépasse, et de très loin.

Nous n'en avons pas la maîtrise totale, quoi que nous fassions, quoi que nous voulions. Elle nous dépasse parce que cet enfant ne nous appartient pas, bien sûr, mais aussi parce que cet enfant ne se réduit pas à son apparence, à sa faiblesse.

Être parents n'est pas seulement une affaire d'amour entre deux personnes ni une affaire d'éducation ou de responsabilité, même si c'est tout cela aussi bien sûr.

Être parents, c'est entrer en relation avec Dieu lui-même à travers ses enfants.

Accueillir un enfant au nom du Fils de Dieu, c'est être automatiquement inséré dans une chaîne d'incarnation qui donne une place au Fils et au Père dans le monde, et dans notre famille singulièrement.

L'Évangile dit des choses incroyables que nous mettons du temps à entendre.

Nous savions que nous recevions Dieu dans les sacrements, que nous le retrouvions dans sa Parole, mais voici qu'il vient chez chacun des parents qui accueillent leurs enfants.

Mon être de père serait-il en lui-même une sorte de sacrement ?

La dignité des parents est multiple, et nous n'avons guère l'occasion de nous en rendre compte, d'abord parce que ce rôle de parents rend humble et parce que nous n'avons pas trop le temps de l'introspection.

Dignité multiple : notre attention à chacun de nos enfants, notre fatigue qui ne nous empêche pas de faire ce que nous avons à faire, nos inquiétudes qui acceptent de se cacher derrière un sourire, nos larmes dans la solitude qui se sèchent comme par enchantement quand l'enfant revient.

Dignité dans le temps consacré à chacun, dans le soin offert, dans l'écoute, dans l'aide apportée.

Dignité quand nous nettoyons, rangeons, servons à table, conduisons, organisons, réparons, soignons, enseignons, accompagnons, recevons.

Dignité quand le temps passe et que nous aidons nos enfants à partir alors que nous allons rester seuls.

Et puis à côté de ces dignités humbles et multiples, cette dignité lumineuse dont nous n'avions peut-être pas conscience : nous accueillons Dieu quand nous accueillons nos enfants en son nom.

Ce Dieu que nous cherchons parfois vainement, que nous déplorons de ne pas plus souvent ni mieux prier, ce Dieu que nous avons laissé tomber un dimanche parce que l'organisation familiale s'est ce jour-là déglinguée.

Ce Dieu qui semble lointain – mais

n'est-ce pas plutôt nous qui nous en sommes éloignés ?

Ce Dieu que nous voudrions mieux connaître, mais voilà : l'Évangile nous est tombé des mains au deuxième verset l'autre soir quand nous avons eu l'imprudence de l'ouvrir une fois couchés.

Ce Dieu que beaucoup cherchent et qui nous semble bien mieux servi par d'autres que par nous.

Parents, nous ne sommes pas les prêtres qui donnent les sacrements et nous ne faisons pas venir le Christ sur l'autel dans l'eucharistie.

Nous ne sommes pas trois ou quatre fois par jour rassemblés dans une chapelle, un oratoire, à le louer comme le font nos sœurs et frères religieux.

Nous sommes moins nourris sans doute de théologie ou d'histoire de l'Église.

Mais voilà, dans nos enfants que nous accueillons, et pas seulement au moment de leur naissance, mais tous les matins et plusieurs fois par jour, quand nous les accueillons envers et contre tout, nous avons la certitude que c'est Jésus que nous accueillons, et, à travers lui, notre Père des cieux, celui qui l'a envoyé, celui-là même que parfois nous regrettons de ne pas mieux connaître, aimer ou servir.

Table des matières

PCA / C*MB* Graphic
44400 Rezé

Achevé d'imprimer en Italie par Grafica Veneta
en mars 2014
Dépôt légal : avril 2014